Inhalt

Wie Sie mit den Engel-Heilsteine-Orakelkarten arbeiten

Gott hat sowohl die Engel als auch die Heilsteine erschaffen, um uns auf dem Weg der Heilung und des Friedens zu unterstützen. Ihre Schutzengel wurden Ihnen von Gott zugeteilt und sind immer bei Ihnen. Wenn Sie allerdings unter Stress stehen, kann es sein, dass Sie die Nähe Ihrer Engel nicht mehr wahrnehmen und ihre Botschaften nicht mehr hören. Diese Karten und die Heilsteine können Ihnen dabei helfen, wieder klar zu verstehen, was Ihnen Ihre Engel sagen möchten.

Kristalle sind natürliche Energieverstärker, weswegen sie in Uhren, Computern und medizinischen Geräten verwendet werden. Sie erhöhen jede Art von

Energie in ihrer Nähe. Diese Karten vereinen die Kraft der Heilsteine und Engel, um Ihre Verbindung und Ihren Dialog mit Gott und Ihren Schutzengeln zu verstärken. Heilsteine sind ein Geschenk Gottes, die uns dabei helfen, unserer göttlichen Verbindung bewusst zu werden und sie zu vertiefen.

Heilsteine speichern und leiten Energie gleichermaßen. Jede Kristallart hat ihre ganz besonderen Heileigenschaften – abhängig von ihrer Farbe, Form und anderen Charakteristika –, die bei körperlichen Symptomen helfen oder emotionale Unterstützung bieten. Und so senden uns die Engel bestimmte Heilsteine, um uns in bestimmten Lebensbereichen zu unterstützen.

Da Gott grenzenlos ist und die Engel nach Gottes Ebenbild erschaffen wurden, sind auch die Engel grenzenlos. Sie brauchen sich niemals Sorgen darum machen, dass Sie dem Himmel »zur Last fallen«, da die Energie der Engel unerschöpflich ist. Gott wird niemals müde und dasselbe gilt für seine Engel. Wir beten die Engel nicht an, aber wir nehmen sie als göttliches Geschenk wahr. Sie werden uns gesandt, um ihre heilige Aufgabe zu erfüllen.

Ihr ganzes Leben lang sind Sie von Ihren Schutzengeln umgeben, von denen Sie bedingungslos geliebt werden. Sie können ihre Botschaften intuitiv wahrnehmen, die Ihnen dabei helfen, sicher, gesund und glücklich zu sein.

Sie können jederzeit direkt mit Gott, Jesus und Ihren Schutzengeln sprechen. Dafür sind keine besonderen Gebete, Fähigkeiten oder Hilfsmittel nötig. Diese Karten dienen einfach als Konzentrationshilfe, um den Dialog mit dem Göttlichen zu initiieren oder Ihre Fähigkeit zu schulen, die Botschaften Ihrer Schutzengel zu verstehen. Wenn Sie unter Stress stehen, ist es oft einfacher, göttliche Botschaften durch Orakelkarten zu erhalten. Indem Sie die Karten mit der energieverstärkenden Kraft der Heilsteine kombinieren, werden Sie die göttlichen Botschaften kristallklar verstehen.

Über Ihre Engel-Heilsteine-Orakelkarten

Wie all meine Kartendecks sind auch die Engel-Heilsteine-Orakelkarten voll sanfter und positiver Energie. Sie wurden erschaffen, um Gottes Willen zu entsprechen und mit der Absicht, Sie dabei zu unterstützen, die göttliche Führung klar zu verstehen, die Ihnen zuteilwird.

Der Name jeder Karte entspricht dem Heilstein in der Mitte der Karte, nicht den Darstellungen am Kartenrand. Auf den meisten Karten hält der dargestellte Engel den Heilstein in seinen Händen. Bei den Karten Azurit, Gelber Jaspis, Malachit, Larimar und Titan-Regenbogen-Quarz hat sich der Illustrator dafür entschieden, die natürliche Schönheit des Heilsteins zu betonen. Daher finden sich auf diesen speziellen Karten keine Engel oder Symbole (wie etwa das Herz auf der Charoit-Karte).

Ich habe in meinen früheren Büchern über die Verbindung zwischen Kristallen und den Erzengeln geschrieben. Obwohl in diesem Kartendeck unsere persönlichen Schutzengel und nicht die universell wirkenden Erzengel im Mittelpunkt stehen, könnte Sie die Liste auf der folgenden Doppelseite mit den Erzengeln und den ihnen entsprechenden Heilsteinen interessieren. Sie basiert auf den speziellen Eigenschaften jedes Erzengels, der entsprechenden Farbe der Aura-Energie und dem farblich und von seinen Eigenschaften damit übereinstimmenden Heilstein.

Erzengel	Spezielle Eigenschaft
Ariel	Umwelt und Tiere
Azrael	Heilt Trauer
Chamuel	Verlorenes finden
Gabriel	Botschaften überbringen
Haniel	Gnade & Intuition
Jeremiel	Vergebung
Jophiel	Schönheit & positive Einstellung
Metatron	Spiritualität der Kinder
Michael	Schutz
Raguel	Gute Freundschaften
Raphael	Heilung
Raziel	Spirituelle Offenbarungen
Sandalphon	Kreativität
Uriel	Inspiration
Zadkiel	Erkenntnis & Erinnerung

Farbe	Heilstein
Hellrosa	Rosenquarz
Elfenbeinfarben	Gelber Calcit
Hellgrün	Peridot
Kupferfarben	Kupfer oder Citrin
Hellblau	Mondstein
Lila	Amethyst
Dunkelrosa	Rubellit
Rosa & Grün	Turmalin
Purpurrot	Charoit oder Sugilith
Blaugrün	Aquamarin
Smaragdgrün	Smaragd oder Malachit
Regenbogenfarben	Bergkristall
Türkis	Türkis
Hellgelb	Bernstein
Indigoblau	Lapislazuli

Mit Ihren Engel-Heilsteine-Orakelkarten arbeiten

Ich empfehle Ihnen, sich mit Heilsteinen zu umgeben, wenn Sie mit diesen Karten arbeiten. Schließlich verstärken diese Kristalle jegliche Form von Energie in ihrer Nähe. Noch großartiger (aber nicht notwendig) ist es, wenn Sie ein Exemplar jedes auf den Karten erwähnten Heilsteins haben, um seine Wirkung zu vergrößern.

Bitte beachten Sie, dass Sie die Heilsteine nicht in physischer Form vorliegen haben müssen, um von den Karten profitieren zu können. Indes könnte Sie dieses Kartendeck dazu inspirieren, sich jene Kristalle zu besorgen, von denen Sie sich angezogen fühlen. Hier erfahren Sie, wie Sie mit Ihren Engel-Heilsteine-Orakelkarten umgehen und arbeiten:

Schritt 1: Die Karten und Heilsteine reinigen

Ihre Karten sind sensibel und sie nehmen die Energie von jedem auf, der sie berührt. Die Bilder der Heilsteine auf jeder Karte machen sie noch sensibler und aufnahmebereiter für Energien. Es gibt allerdings keinen Grund, sich deswegen Sorgen zu machen, da

Sie die Karten gründlich reinigen können, einfach indem Sie bewusst diese Absicht verfolgen.

Es empfiehlt sich, die Karten zu reinigen, bevor Sie sie das erste Mal benutzen, und später in regelmäßigen Abständen, wenn Sie sich dazu angeleitet fühlen. Schritt 1 und 2 müssen nur wiederholt werden, wenn eine andere Person Ihre Karten berührt hat oder wenn keine klaren Botschaften aus den Karten zu lesen sind, weil sie von zu vielen Energien belegt sind. Die Energien anderer Leute – selbst wenn sie sehr rein sind – können später das Lesen aus den Karten beeinflussen. Aus diesem Grund ist es am besten, wenn sich nur Ihre eigene Energie mit den Kartendecks verbindet, die Sie verwenden.

Um Ihre Karten zu reinigen, halten Sie den Stapel in der einen Hand und wischen Sie mit der anderen Hand darüber. Dann fassen Sie den Gedanken, dass Sie die Karten reinigen möchten, und sprechen Sie dazu ein Gebet, wie zum Beispiel: »Lieber Gott, ich danke Dir, dass Du alles von diesen Karten hinweghebst, was nicht der göttlichen Liebe entspringt.« So werden die Karten von alten Energien gereinigt und sind bereit, Ihre eigene Energie aufzunehmen.

Falls Sie vorhaben, während des Kartenlesens Heilsteine in Ihrer Nähe zu platzieren, nehmen Sie sich bitte die Zeit, diese ebenfalls energetisch zu reinigen. Hierbei können Sie beispielsweise folgendes Gebet sprechen: »Ich bitte darum, dass diese Heilsteine wieder die reine Energie ausstrahlen, mit der sie Gott erschaffen hat.«

Schritt 2: Die Karten und Heilsteine vorbereiten

Berühren Sie kurz jede Karte, um sie auf Ihre eigene Energie einzustellen. Sie können dabei einfach eine Ecke jeder Karte berühren. Fächern Sie dann die Karten mit der Vorderseite nach oben vor sich auf. Halten Sie den Kartenfächer an Ihr Herz und denken Sie an irgendein Gebet oder fassen Sie eine Absicht, die Sie den Karten mitgeben möchten, wie etwa: »Ich bitte darum, dass alle Lesungen mit diesen Karten segensreich für alle Beteiligten sein werden.«

Auf dieselbe Weise werden die Heilsteine Ihre Absichten verstärken. Nehmen Sie also die Heilsteine, mit denen Sie arbeiten wollen, in Ihre Hände – oder halten Sie Ihre Hände über sie. (Wenn Sie keine Heilsteine zur Hand haben, können Sie auch auf Bilder von ihnen schauen, um sich feinstofflich mit ihrer Energie zu verbinden.) Visualisieren, denken oder fühlen Sie Ihre Absicht und übertragen Sie sie auf jeden Heilstein. Vielleicht beabsichtigen Sie, dass der Heilstein Ihr Selbstvertrauen stärkt oder Ihnen mehr Klarheit verschafft. Es handelt sich hierbei um einen intuitiven Prozess, denken Sie daher bitte nicht allzu lange darüber nach.

Schritt 3: Eine Frage stellen

Überlegen Sie sich eine Frage, die Sie gerne beantwortet hätten. Falls Sie die Karten für jemand anders ziehen, bitten Sie die Person, sich eine Frage vorzustellen oder sie zu äußern. Der Himmel hört Ihre Gedanken. Es ist also nicht notwendig, Ihre Frage auszusprechen.

Ihre Heilsteine können dabei neben Ihren Karten liegen oder Sie können sie halten oder tragen, während Sie der göttlichen Führung folgen.

Schritt 4: Die Karten mischen

Denken Sie an Ihre Frage, während Sie die Karten mischen, und bitten Sie den Himmel um eine Antwort und Beistand. Ich spreche oft dieses Gebet, wenn ich mische:

»Lieber Gott, ich bitte dich, dafür zu sorgen, dass nur klare und verlässliche Botschaften von diesen Karten wiedergegeben werden. Bitte beschütze meine Liebsten und mich. Bitte hilf mir dabei, deine Botschaften zu sehen, zu hören, zu fühlen und zu erkennen. Ich bitte darum, dass das Legen dieser Karten allen Beteiligten Segen bringen wird.«

Wenn eine oder mehrere Karten während des Mischens aus dem Stapel »hüpfen«, legen Sie sie auf die Seite. Sie werden Teil beim Lesen der Karten sein.

Während Sie mischen, kann es sein, dass Sie bestimmte Gefühle, Gedanken, Wörter oder innere Bilder begleiten. Diese inneren Botschaften werden Ihnen dabei helfen, die Karten zu deuten, die Sie ziehen. Achten Sie also auf alles, was Sie empfinden, denken, hören und sehen.

Vielleicht fühlen oder wissen Sie auf einmal, dass Sie aufhören sollen, die Karten zu mischen, oder Sie hören sogar die Worte »Höre jetzt auf zu mischen«. Sie können keinen Fehler begehen und die Karten zu kurz mischen, da das göttliche Gesetz der Anziehung dafür sorgt, dass Sie immer die richtigen Karten ziehen. Bitte übergeben Sie all Ihre Sorgen, etwas falsch machen zu können, an Gott und die Engel.

Schritt 5: Eine Karte wählen

Wenn Sie mit dem Mischen fertig sind, ziehen Sie eine Karte aus dem Stapel. Die Karte, die Sie ziehen, ist immer die richtige. Sie sind alle gut, also haben Sie keine Angst, die falsche zu ziehen. Welche Karte Sie auch immer ziehen, sie ist die Antwort auf Ihre Frage. Wenn Sie die Worte auf der Kartenvorderseite lesen, achten Sie darauf, welche Gedanken, zusätzlichen Wörter, Gefühle oder inneren Bilder sich einstellen, da es sich dabei ebenfalls um himmlische Botschaften an Sie handelt. Das Bild auf der Karte ist genauso wichtig. Beobachten Sie, wohin Ihre Augen zuerst wandern, wenn Sie es betrachten, und achten Sie darauf, was Sie dabei empfinden. Alles, was Sie sehen und fühlen, ist Teil der Antwort auf Ihre Frage. Wenn Sie beim Betrachten der Karte einen Heilstein in der Hand halten, kann dies die göttliche Botschaft noch verstärken, die Sie erhalten.

Falls Sie eine Karte (oder mehrere) zur Seite gelegt haben, weil sie Ihnen beim Mischen »herausgehüpft« ist, schauen Sie sich diese ebenfalls an. Die hüpfende Karte hat auch eine Botschaft für Sie.

Schritt 6: Das Anleitungsbuch benutzen

Schlagen Sie in diesem Büchlein die Botschaften zu der betreffenden Karte nach. Achten Sie darauf, welche Gedanken und Emotionen in Ihnen hochkommen, während Sie den Text zu der Karte lesen. Sie sind ebenfalls Bestandteil des Kartenlesens. Auf vielen der Karten sehen Sie, wie der Engel den genannten Heilstein in Händen hält. Der Himmel wird Ihnen antworten und Beistand für jeden Bereich Ihres Lebens anbieten. Durch das Legen der Karten können Sie sich selbst oder anderen eine wunderbare Hilfestellung bieten, selbst als Anfänger!

Drei-Karten-Botschaften

Mit den Engel-Heilsteine-Orakelkarten werden Sie die meisten Ihrer Antworten durch das einfache Legen von drei Karten erhalten. Sie können beispielsweise in den Tag starten, indem Sie Gott und Ihre Schutzengel fragen: »Was muss ich über den heutigen Tag wissen?«

Nachdem Sie schritt 3 und 4 abgeschlossen haben, ziehen Sie die drei obersten Karten vom Stapel. Legen

Sie nun die Karten mit dem Bild und dem Text nach oben vor sich hin: die erste zu Ihrer Linken, die zweite in die Mitte und die dritte zu Ihrer Rechten.

Karte 1 ist Ihre Vergangenheit, Karte 2 ist Ihre Gegenwart und Karte 3 ist Ihre Zukunft. Sie können immer Ihre Zukunft ändern, indem Sie Ihr gegenwärtiges Handeln ändern.

Überprüfen Sie in welchem Zusammenhang diese drei Karten mit der Frage stehen, die Sie gestellt haben. Achten Sie auf Ihre Gefühle und Gedanken, wenn Sie die Karten betrachten. Sie sind Teil der Antwort auf Ihre Frage.

Im nächsten Teil dieses Anleitungsbuchs können Sie die Bedeutung jeder Karte nachlesen. Denken Sie daran, dass Sie mit Ihrem freien Willen selbst die Entscheidungen in allen Bereichen Ihres Lebens treffen. Und Sie selbst können den Ausgang jeder Situation durch Gebete, Visualisierungen und positive Affirmationen beeinflussen. Gott, Jesus und die Engel können Ihnen dabei helfen, Ihre Zukunft zum Besseren zu wenden, wenn Sie sie darum bitten und offen sind für ihre Unterstützung.

Die Bedeutung der Karten

Dieses Anleitungsbuch erklärt die grundlegende Bedeutung jeder Karte aus dem Engel-Heilsteine-Orakelkarten-Deck.

Wenn Sie bereit dazu sind, die Bedeutung einer Karte nachzuschlagen, lesen Sie auf der entsprechenden Seite die Deutung und die Symbolik nach. Ihre innere Stimme wird Ihnen sagen, ob die Informationen für Sie zutreffend sind und Ihnen weitere Einsichten in Ihrer aktuellen Situation vermitteln. Und denken Sie immer daran, dass Ihnen Ihre Intuition noch zusätzliche persönliche Botschaften von Gott und Ihren Schutzengeln entschlüsseln kann. Also achten Sie beim Lesen gleichzeitig auf Ihre Gedanken und Emotionen.

Amethyst

Enthüllen Sie Ihr wahres Selbst

Diese Karte kommt zu Ihnen, um Sie darin zu bestärken anderen gegenüber offen und authentisch aufzutreten. Sie werden sich viel besser fühlen, wenn Sie Ihre wahren Gefühle zeigen, selbst wenn die anderen sie nicht verstehen. Sie zu unterdrücken ist weder gesund noch zielführend. Denken Sie daran, dass Menschen verschiedener Meinung sein und sich trotzdem lieben können, vorausgesetzt sie behandeln sich mit Respekt.

Falls Sie gehänselt wurden, weil Sie anders sind, haben Sie vielleicht Angst davor, Ihr wahres Selbst zu enthüllen. Ihre Schutzengel bestätigen Ihnen, dass Sie einzigartig sind, geschaffen für eine bestimmte Aufgabe. Und Sie werden diese bestimmte Aufgabe finden, indem Sie Ihre Einzigartigkeit enthüllen.

Ihre Schutzengel lieben Sie bedingungslos und wissen, wer Sie wirklich sind, welche Träume Sie haben und zu was Sie fähig sind. Bitten Sie Gott und Ihre Schutzengel, Ihr Selbstvertrauen zu stärken und zu lernen, sich selbst so zu lieben, wie Sie von ihnen geliebt werden.

Diese Karte ist auch ein Zeichen dafür, Ihr Herzensprojekt zu verwirklichen, sei es das Schreiben eines Buchs oder eines Songs, das Erschaffen eines Kunstwerks oder die Umsetzung einer Geschäftsidee, die anderen hilft. Beten Sie um den notwendigen Mut und darum, zu vertrauenswürdigen, hilfsbereiten Menschen geführt zu werden, die Sie auf Ihrem Lebensweg unterstützen.

Über Amethyst: Von außen sehen Amethyste wie ganz normale graue Steine aus. Erst wenn sie geöffnet werden, kann man die innere Schönheit dieses violetten Quarzes erkennen. Amethyste können Ihre positive Energie und Ihr Selbstvertrauen stärken.

Ametrin

Männliche und weibliche Energie im Einklang

Diese Karte begegnet Ihnen, wenn Sie in Ihrer männlichen Energie »feststecken«, weil Sie sich in einer konfliktgeladenen oder stressigen Situation befinden, egal ob in der Arbeit oder zu Hause in der Familie. Vielleicht haben Sie das Gefühl um etwas kämpfen oder besonders wachsam sein zu müssen. Doch es kommt die Zeit, wenn man diese männliche Energie mit der nährenden Sanftmut Ihrer weiblichen Energie in Einklang bringen sollte.

Jeder Mensch ist sowohl von männlicher als auch weiblicher Energie beseelt. Sie in Einklang miteinander zu bringen ist von grundlegender Bedeutung, um ein gesundes und harmonisches Leben führen zu können. Durch die weibliche Energie gelangen wir zu göttlich inspirierten Ideen und kreativen Einsichten, während uns die männliche Energie dazu befähigt, sie umzusetzen. Beide sind im gleichen Maße wichtig für uns.

Zu viel weibliche Energie kann zu einer passiven Haltung führen, in der Träume nicht in die Tat umgesetzt werden, während ein Übermaß an männlicher Energie zu uninspirierten und aggressiven Handlungen führen kann. Gebete können Ihnen helfen, die richtige Balance zu finden. Sobald Ihnen das gelungen ist, werden Sie bemerken, dass Ihr Stresslevel nach unten geht und Sie sich viel leichter entspannen können, wenn Sie von der Arbeit nach Hause kommen.

Über Ametrin: Aus diesem schönen violetten Stein blinzelt der goldene Farbton eines Sonnenuntergangs heraus. Schließlich handelt es sich bei ihm um eine Mischung aus violettem Amethyst und gelbem Citrin. Diese Doppelnatur ist auch der Grund dafür, warum der Ametrin als solch ein wunderbarer Helfer angesehen wird, wenn es darum geht, die männliche und die weibliche Seite miteinander in Einklang zu bringen.

Angelit

Spirituelle oder religiöse Gemeinschaft

Fühlen Sie sich einsam? Diese Karte leitet Sie dazu an, mit gleichgesinnten Menschen in einem spirituellen Rahmen zusammenzukommen. Vielleicht haben Sie den inneren Ruf vernommen, in die Kirche oder an einen anderen religiösen Ort zu gehen, der Ihrem Glauben entspricht. Diese Karte bestätigt Ihnen, dass Sie bei diesem Vorhaben tatsächlich von Gott geleitet werden und ermutigt Sie dazu, die nötigen Schritte zu unternehmen.

Sie werden auf Ihrem spirituellen Weg intuitiv zu einer Gemeinschaft geführt, die Sie unterstützt und Ihnen mit Freundschaft begegnet. Die Energie spiritueller Gruppen geht von ihrem gemeinsamen Gebet aus, das alle stärkt. In einer solchen Umgebung gelangen Sie viel leichter zu heilsamen Erkenntnissen und Eingebungen.

Freundschaften mit Menschen zu schließen, die Ihre spirituellen Ansichten teilen, macht es Ihnen leicht, in diesem sozialen Netz ganz Sie selbst zu sein und sich dabei sicher zu fühlen. Wissenschaftliche Studien haben gezeigt, dass sich die Zugehörigkeit zu einer religiösen Gemeinschaft positiv auf die Gesundheit und Lebenserwartung auswirkt. Nun ist es an Ihnen, den nächsten Schritt zu unternehmen und eine spirituelle Zusammenkunft Ihrer Wahl aufzusuchen.

Über Angelit: Diese lila-blau gefärbte Varietät von Anhydrit besteht aus dehydriertem Gips – und kann sich in Wasser auflösen. Dieser Heilstein ist bekannt für seine beruhigende Wirkung sowie für seine Verbindung mit dem Kehlchakra – das Energiezentrum, das mit Ihrer Stimme in Verbindung steht – und der Kommunikation mit Gott und den Engeln. Der Angelit kann bewirken, dass Sie sich desorientiert und nicht geerdet fühlen, daher sollten Sie auf diesen Stein zurückgreifen, wenn Sie sich in ruhiger Kontemplation befinden.

Apatit

Fortschritt, nicht Perfektion

Diese Karte kann ein Zeichen dafür sein, dass Sie zu hohe Ansprüche an sich selbst stellen und sich dadurch selbst im Weg stehen. Vielleicht befürchten Sie, nicht zu bekommen, was Sie wollen, solange Sie keine perfekte Arbeit abliefern.

Gott und Ihre Schutzengel versichern Ihnen, dass Sie auf spiritueller Ebene bereits perfekt sind, da Gott Sie nach seinem Ebenbild erschaffen hat. Es ist nicht nötig, auch noch auf menschlicher Ebene perfekt zu sein. Das ist keiner und es ist auch gar nicht möglich – jeder befindet sich auf seinem individuellen Weg der Entwicklung.

Ihre Schutzengel wollen, dass Sie sich auf die Fortschritte konzentrieren, die Sie erzielt haben, und sich Ihrer Erfolge bewusst sind. Bitte seien Sie nicht so hart zu sich selbst und hören Sie damit auf, sich selbst zu verurteilen. Sie sind durch und durch liebenswert. Meiden Sie Personen, die Sie kritisieren, vor allem wenn dies auf eine beleidigende Weise geschieht. Sie verdienen es, von anderen freundlich unterstützt und ermutigt zu werden.

Über Apatit: Dieser wunderschöne, lichtdurchlässige, blaue oder grüne Stein ist eine seltene Abart der Phosphate, die häufig als Düngemittelergänzung aufbereitet werden. Interessanterweise leitet sich das Wort Apatit aus dem Altgriechischen für »täuschen« ab, da der Kristall oft mit anderen Steinen verwechselt wird. Sie können den Apatit einsetzen, um eine gut funktionierende und aufrichtige Kommunikation in Beziehungen zu fördern. Er unterstützt auch die Kommunikation mit dem Göttlichen und hilft dabei, himmlische Eingebungen zu erhalten.

Apophyllit

Verstärkte Unterstützung

Diese Karte ist ein wundervolles Zeichen dafür, dass Sie verstärkte Unterstützung erhalten, damit Ihre Bedürfnisse gedeckt werden. Diese Unterstützung kann sich in vielen Formen äußern: in Reichtum, emotionalem Trost oder der Entbindung von einigen Verpflichtungen, wodurch Sie wieder mehr Zeit für die wichtigen Dinge zur Verfügung haben.

Gott hat Ihre Gebete gehört und antwortet Ihnen. Sie haben vielleicht um die richtige Eingebung oder Idee gebeten. Wenn Sie sie erhalten, schreiten Sie zur Tat, damit Sie den Segen nicht vergeuden, der Ihnen zuteilwird. Diese göttlich inspirierten Schritte können darin bestehen, Ihren Lebensstil zu ändern (Fitness-Übungen einbauen, Schlaf- und Essgewohnheiten verbessern), um Ihre spirituelle Energie zu stärken, was sich wiederum positiv auf das Erreichen Ihrer Ziele auswirken wird.

Die Karte muntert Sie auch dazu auf, Gott, Ihre Lieben oder einen mitfühlenden Therapeuten um Unterstützung zu bitten … oder einer Selbsthilfegruppe beizutreten.

Über Apophyllit: Dieses Mineral kann in vielen verschiedenen Formen auftreten. Normalerweise erscheint er als sternförmige Gruppe kristalliner »Blätter« oder Einheiten in milchigen Weiß- und Blautönen. Dieser Stein stimuliert übersinnliche Erfahrungen, hellseherische Visionen und heilsame Träume. Platzieren Sie ihn auf Ihrem Hausaltar oder Ihrem Nachttisch, um während der Meditation, des Gebets oder im Schlaf von seiner spirituellen Unterstützung zu profitieren.

Aqua Aura

Aufrichtige Kommunikation in Beziehungen

Diese Karte unterstützt Sie bei Ihren Beziehungen, vor allem wenn Sie sich darum bemühen, von anderen verstanden zu werden. Eine sanftere und klarere Form der Kommunikation zeichnet sich ab, als Antwort auf Ihre Gebete.

Die neu gewonnene Kraft ermutigt Sie auf eine liebevolle Weise, über Ihre wahren Gefühle zu sprechen und den Kommunikationsweg offen zu halten. Sie versuchen nicht, andere zu verändern oder zu überzeugen – Sie sind einfach nur Sie selbst.

Diese Karte kann ein Anzeichen dafür sein, dass sich eine bereits existierende Beziehung verbessert oder neue wertvolle Freunde oder ein Lebenspartner auf dem Weg sind. Wenn Sie in Ihren Beziehungen mit offenem Herzen sprechen, hat Ihr Gegenüber die Möglichkeit, Ihr wahres Selbst kennen und schätzen zu lernen – was Sie aus Ihrer Einsamkeit befreit, da Sie wissen, dass Sie (und keine falsche Version Ihrer selbst) geliebt werden.

Über Aqua Aura: Dieser wunderschöne, lichtdurchlässige, türkise Kristall erhält seine herrliche Farbe, indem klarer Bergkristall mit Gold bedampft wird. Aqua Aura lässt sich wunderbar als Anhänger am Hals tragen, um die Fertigkeiten beim Sprechen und Singen zu verbessern.

Aquamarin

Göttliches Lebensziel

Diese Karte taucht als Antwort auf Fragen zu Ihren nächsten Schritten, Ihrer Karriere, Ihrem spirituellen Weg und Ihrem Lebensziel auf.

Ihre Bestimmung, wie die jedes anderen, ist es zu lieben. Die Form, in der Sie Ihre Liebe ausdrücken, richtet sich danach, was Sie gerne tun. Lieben Sie es beispielsweise zu schreiben, Ihre Freunde zu beraten, Zeit mit Tieren und in der Natur zu verbringen, zu kochen, sich künstlerisch auszudrücken, Kinder zu unterrichten, andere zu heilen oder zu forschen?

Wenn Sie Ihrem Herzen folgen, wird es Ihnen den rechten Weg weisen. Und Sie müssen dabei natürlich auch Ihren Kopf einsetzen, um zu planen und sich mit anderen zusammenzutun, deren Stärken sich mit Ihren ergänzen.

Gott und Ihre Schutzengel versichern Ihnen, dass die Liebe, die Sie bei Ihrer Tätigkeit verspüren, ein Zeichen dafür ist, dass es sich um das für Sie bestimmte Lebensziel handelt.

Über Aquamarin: Dieser wunderbare, klare, türkise Stein stammt aus der Mineralfamilie der Berylle, zu der auch die Smaragde gehören. Die ersten Brillengläser der Geschichte wurden aus Beryll gefertigt. Auch der Aquamarin hilft dabei die Dinge klar zu sehen, vor allem auf dem Gebiet der Kommunikation und der Kreativität. Der Heilstein eignet sich hervorragend für Redner, Schriftsteller, Lehrer, Sänger und Künstler.

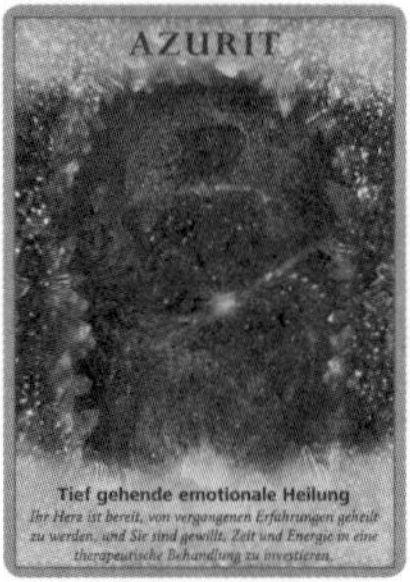

Azurit

Tief gehende emotionale Heilung

Dies ist eine ausgesprochen positive Karte, die Ihnen zeigt, dass Sie bereit dafür sind, von schmerzvollen und traumatischen Erlebnissen geheilt zu werden. Das bedeutet, Sie sind offen dafür, heilende Energien und Einsichten über diese vergangenen Erlebnisse zu empfangen.

Sie fühlen sich dazu angeleitet, sich Zeit für Ihren persönlichen Heilungsprozess zu nehmen. Vereinbaren Sie eine Sitzung bei Ihrem Therapeuten oder Heiler, oder verbringen Sie mehr Zeit damit zu beten, zu meditieren oder verschiedene Selbstheilungsmethoden anzuwenden.

Eine Entgiftung – von chemischen Substanzen und verarbeiteten Nahrungsmitteln ebenso wie von negativen Einflüssen – bietet sich in der jetzigen Situation ganz besonders für Sie an.

Über Azurit: Dieser schöne königsblaue Stein ist eine oxidierte Form von Kupfer. Azurit fördert sowohl spirituelle Visionen und Hellsichtigkeit, als auch eine tief gehende Heilung auf emotionaler Ebene.

Bergkristall

Lassen Sie all Ihre Gefühle zu

Diese Karte leitet Sie dazu an, Ihr Herz dem gesamten Regenbogenspektrum der Emotionen zu öffnen. Dies ist der Schlüssel, um tiefe Liebe zu empfinden. Indem Sie bereit dazu sind, auch die unangenehmen Gefühle anzuerkennen, lassen Sie Ihre inneren Widerstände fallen und öffnen Ihr Herz.

Wenn wir die Existenz von Zorn, Traurigkeit und ähnlichen Emotionen negieren, versperren wir einen Teil unseres Herzens. Dadurch werden diese Gefühle unterdrückt und in eine dunkle Ecke gestellt, aus der heraus sie unsere geistige, emotionale und körperliche Gesundheit beeinträchtigen können.

Diese Karte kann ein Zeichen dafür sein, dass Sie wertvolle kreative Impulse aus den Herausforderungen ziehen, denen Sie sich gestellt haben. Nun wollen Sie anderen dabei helfen, diese Herausforderungen ebenfalls zu meistern oder sie zu umgehen. Indem Sie in diese unangenehmen Emotionen eintauchen und Sie auf kreative Weise ausdrücken, zeigen Sie anderen Menschen, dass sie nicht alleine sind mit ihren Gefühlen. Dies kann zu einer Geschäftsidee, einer Art von Heilanwendung, einem Buch, Seminar oder irgendetwas anderem führen, das Menschen hilft, die mit ähnlichen Schwierigkeiten zu kämpfen haben.

Über Bergkristall: Der Bergkristall verstärkt jegliche Form von Energie in seiner Nähe und bricht das Licht in die Farben des Regenbogens. Er hilft dabei sich von negativer Energie zu reinigen und Blockaden zu lösen.

Bernstein

Überlassen Sie es Gott

Sie haben diese Karte gezogen, weil eine Angelegenheit Sie bedrückt und Sie sich von dieser Last befreien können, indem Sie sie Gott überlassen. Sie müssen nicht alleine mit dieser Situation fertig werden, denn die göttliche Hilfe ist stets verfügbar. Vielleicht haben Sie es vergessen oder wissen nicht mehr genau, wie es geht, loszulassen und die Situation in Gottes Hand zu geben.

Wenn Sie diesen Absatz lesen, halten Sie für einen Moment inne und beten Sie von Herzen und mit aufrichtigen Worten für die nötige Hilfe, um loslassen zu können. Sie lösen das Problem nicht, indem Sie es ständig weiter wälzen – vielmehr machen Sie es dadurch nur größer.

Bernstein erinnert uns, dass Gott schon immer bei uns war, seit Anbeginn der Zeit und der Entstehung der Welt. Diese Erinnerung soll unseren Glauben darin bestärken, dass Gott weiß, wie man jedes Problem lösen kann. Allerdings müssen wir es zuerst Gott übergeben, da er die Entscheidung unseres freien Willens respektiert.

Über Bernstein: Bernstein ist fossiles Baumharz und technisch gesehen kein Mineral. Nichtsdestotrotz ist er ein lichterfülltes Geschenk der Natur und wird daher häufig im Reich der Kristalle angesiedelt. Bernstein kann Sie aufmuntern und Ihre Sinne mit göttlichem Licht erfüllen. Er hilft Ihnen auch dabei, sich mit Ihrer Vergangenheit zu verbinden und alte Wunden zu heilen.

Calcit

Hektische Zeiten und Multitasking

Diese Karte kommt zu Ihnen, weil Sie mit vielen Herausforderungen zugleich jonglieren müssen und Sie angesichts Ihres Terminkalenders womöglich gestresst sind. Es kann auch sein, dass Sie gesundheitlich angeschlagen sind, weil Sie alles alleine machen und keine Unterstützung erhalten. Sie haben vielleicht sogar das Gefühl, dass andere Leute Ihre Gutmütigkeit ausnutzen.

Sie werden dazu angeleitet, Ihren Terminkalender selbst in die Hand zu nehmen. Worauf können Sie verzichten, um wieder mehr Zeit zum Durchatmen zu haben? Beten Sie darum, mehr Kraft zu erlangen, indem Sie klare Grenzen setzen. Falls Sie dazu tendieren, anderen immer nachzugeben, lernen Sie, Nein zu sagen, wenn jemand Ihre Zeit in einem unangebrachten Maße beanspruchen will.

Setzen Sie sich häufig unnötig unter Druck? Dann kann diese Karte auch ein Anzeichen dafür sein, dass Sie süchtig nach dramatischen Situationen sind. Anzeichen für ein solches Verhaltensmuster sind beispielsweise ein Adrenalinschub oder das Gefühl, wichtig zu sein, wenn Sie einen vollen Terminkalender haben; damit zu prahlen, wie beschäftigt Sie sind; oder sich machtlos und als Opfer Ihres Terminkalenders zu fühlen.

Diese Karte ist zudem ein Vorzeichen dafür, dass hektische Zeiten im Anmarsch sind. In solchen Fällen ist es am besten, im Voraus zu planen, wie Sie mit den vielfältigen Herausforderungen umgehen, ohne dabei die Verantwortung für sich und Ihre Gesundheit zu vernachlässigen.

Über Calcit: Calcit ist einer der am häufigsten auftauchenden Kristalle auf diesem Planeten und kann in verschiedenen Farben von opak bis durchsichtig auftauchen. Er reinigt einen von negativer Energie, hilft dabei, sich zu erden und zu fokussieren.

Charoit

Spiritueller Schutz

Diese Karte ist eine Erinnerung daran, dass Sie beschützt werden und Ihre Gebete erhört und beantwortet wurden. Vielleicht haben Sie sich in letzter Zeit verletzlich gefühlt oder wurden verbal, psychisch oder physisch angegriffen. Es scheint, jemand will Sie herausfordern, und Gott und Ihre Schutzengel wollen Sie wissen lassen, dass sie über Sie und Ihre Lieben wachen.

Die Karte ist ein Zeichen dafür, dass »geistige Attacken«, bei denen jemand durch Wut oder Eifersucht aufgeladene Energien in Ihre Richtung sendet, der Grund für emotionale oder körperliche Beschwerden sein können. Zu Gott und Jesus zu beten und Erzengel Michael anzurufen, kann Ihnen dabei helfen, sich zu reinigen und zu schützen.

Visualisieren Sie sich innerhalb einer schützenden Blase aus purpurrotem Licht, das göttlichen Ursprungs ist und nur der Liebe erlaubt, in Ihre Sphäre ein- und auszutreten. Die negative Energie wird von diesem purpurnen Licht abprallen und sich in heilende Liebe für Sie und den »Angreifer« verwandeln. Anstatt sich also an der Person zu rächen oder sich vor ihr zu fürchten, die negative Energie in Ihre Richtung gesendet hat, helfen Sie dabei, mehr Liebe in die Welt zu bringen.

Über Charoit: Benannt nach dem sibirischen Fluss, in dem er entdeckt wurde, hilft dieser purpurne Stein, energetische und spirituelle Schilde aufzubauen, und bietet Schutz vor religiöser Verfolgung.

Citrin

Unnötige Sorgen

Haben Sie sich in letzter Zeit häufig Sorgen gemacht? Diese Karte kommt zu Ihnen als ein Zeichen, dass Sie sich unnötig sorgen und Gott und Ihre Schutzengel Ihnen helfen, sich davon zu befreien. Chronische Sorgen können …

… auf körperlicher, geistiger und emotionaler Ebene an der Gesundheit zehren und sie schwächen.

… sich selbst erfüllende Prophezeiungen schaffen und fördern.

… Sie von den wichtigen Dingen ablenken.

… Sie an Ihren Fähigkeiten zweifeln lassen, Ihr Lebensziel zu erreichen.

Deshalb befreien Gott und Ihre Schutzengel Ihren Geist, Ihr Herz und Ihren Körper von dieser Last. Alle Sorgen entspringen den Gedanken an die Zukunft. Wenn Sie Ihre Aufmerksamkeit alleine auf das richten, was vor Ihnen liegt, wird es Ihnen schwerfallen, sich auf das Hier und Jetzt zu konzentrieren.

Sie werden dazu angeleitet, den Moment wahrzunehmen, beispielsweise indem Sie sich bewusst machen, wie sich Ihr Körper gerade anfühlt: Spüren Sie, wie sich Ihre Füße anfühlen. Wackeln Sie mit Ihren Zehen. Konzentrieren Sie sich dann auf die Muskeln und atmen Sie, um die Spannung loszulassen. Indem Sie sich darauf konzentrieren, was gerade geschieht, lässt Ihr Geist von den Zukunftsängsten ab.

Wenn Sie dabei sind, Ihre Sorgen auszudrücken, ist es hilfreich, die Worte »Gott, bitte hilf mir bei/mit« zu verwenden. Anstatt »Ich mache mir Sorgen um meine Gesundheit«, sagen Sie zum Beispiel »Gott, bitte hilf mir mit meiner Gesundheit«. Sorgen helfen Ihnen nie weiter, Gebete hingegen helfen immer.

Über Citrin: Der Citrin, benannt nach dem lateinischen Wort *citrus* für »Zitrone«, ist ein gelber Quarzkristall, der die Energie und das Glück kristallisierten Sonnenscheins in sich trägt.

Diamant

Lernen Sie, sich selbst wertzuschätzen

Diamanten sind ein wunderbares Beispiel dafür, wie Druck zu etwas Schönem führen kann. Schließlich werden Diamanten aus unter Druck stehendem Kohlenstoff geformt. Vielleicht sind Sie vor Kurzem oder in einer entscheidenden Phase Ihres Lebens unter Belastung gestanden. Der ganze Stress oder das Trauma, dem Sie ausgesetzt waren, hat Sie zu der Person gemacht, die Sie heute sind.

Diese Karte ist eine Erinnerung daran, dass Sie ein wertvoller Diamant Gottes sind. Auch wenn Sie viel durchmachen mussten, konnten Sie dabei und können auch künftig immer auf die Stärke Gottes vertrauen. Es ist für Sie an der Zeit zu erkennen, wie wertvoll Sie sind!

Genauso wie Sie sich nur für Diamanten entscheiden würden, die unter menschenwürdigen Bedingungen aus den Minen gefördert und fair gehandelt wurden, so sollten Sie sich auch selbst auf eine liebenswürdige und faire Weise behandeln. Dies kann sich in einer durchsetzungskräftigen Art zu kommunizieren äußern, bei der Sie sich selbst respektieren und anderen zeigen, dies ebenfalls zu tun.

Über Diamant: Dieser Edelstein wird wegen seiner strahlenden Schönheit geschätzt, und dafür, die härteste in der Natur auftauchende Substanz zu sein. Diamanten leiten auch hervorragend Wärme und Strom und sind daher natürliche Verstärker für Ihre Gebete und Absichten. Werbekampagnen haben dafür gesorgt, dass der Diamant als Zeichen romantischer Liebe heiß begehrt ist. Diese große Nachfrage macht ihn teuer, auch wenn er in der Natur nicht gerade selten vorkommt. Als bewusster Konsument kommen für Sie natürlich nur Steine infrage, die aus fairem Handel stammen und bei denen die Minenarbeiter achtsam und respektvoll behandelt worden sind.

Dolomit

Bleiben Sie standhaft in Ihrem Glauben

Diese Karte symbolisiert eine besondere Form der Stärke, die auf Ihrem Glauben an Ihre innere Führung beruht. Sie respektiert die Gefühle und Rechte von jedem und tritt nie aggressiv gegenüber Ihnen selbst oder anderen auf.

Die Botschaft lautet: Bleiben Sie fokussiert auf Ihre innere Führung. Bewahren Sie den Glauben in Ihrem Geist und Herzen, selbst wenn Ihr Weg scheinbar in die Irre führt und Sie Angst haben. Vertiefen Sie sich in positive Aktivitäten: Lesen Sie besinnlich Texte, hören Sie sanfte Musik oder nehmen Sie an spirituellen Treffen teil, die Ihren Glauben stärken.

Die Karte bedeutet, dass das Ergebnis Ihres Bestrebens davon abhängt, ob Sie eine positive Einstellung bewahren – was Sie selbst in der Hand haben. Indem Sie sich dafür entscheiden, zu beten und sich mit möglichst positiven Dingen zu umgeben, verkörpern Sie die weibliche Kraft (die wichtig ist, selbst wenn Sie ein Mann sind). Die Karte ist auch ein Hinweis darauf, zu Ihren persönlichen Überzeugungen und Ihrem Glauben zu stehen.

Über Dolomit: Dieser schöne wolkenförmige Stein mit Perlenglanz besteht aus Kalzit und Magnesium. Er tritt sowohl in weißer und grauer als auch in der rosaroten Färbung auf, wie sie in den Händen des Engels auf dieser Karte zu sehen ist. Rosafarbener Dolomit hat eine sanfte und beruhigende Schwingung, die vor allem weibliche Energie und Gesundheit unterstützt, einschließlich der Menstruationszyklen.

Fluorit

Natürliche Schönheit und Authentizität

Bei dieser Karte geht es darum, sich in der eigenen Haut wohlzufühlen und mit sich selbst glücklich zu sein. Vielleicht haben Sie versucht, den Erwartungen von anderen zu entsprechen und sich selbst dabei verloren. Jetzt ist es an der Zeit, wieder Sie selbst zu sein – so wundervoll, wie Gott Sie geschaffen hat.

Dazu ist es nötig, dass Sie mit offenem Herzen und frei von der Leber sprechen und anderen Menschen Ihre Gedanken und Gefühle mitteilen. Nehmen Sie Abstand davon zu versuchen, es den anderen immer recht zu machen oder sich darüber Gedanken zu machen, ob die anderen es gutheißen.

Sie haben vielleicht die Eingebung, natürlicher zu erscheinen und das Färben Ihrer Haare oder künstliche Bräunen Ihrer Haut sein zu lassen. Dies ist ein Zeichen dafür, dass Sie Ihr wahres Selbst annehmen und lieben, und sich eingestehen, wer Sie sind.

Diese Karte kann auch ein Zeichen dafür sein, einen umweltfreundlicheren Lebensstil zu führen. Sie haben beispielsweise das Verlangen nach Nahrung und Reinigungsmitteln, die Sie und die Umwelt nicht belasten. Sie können auch einer Umweltschutzgruppe beitreten oder mehr Zeit in der Natur verbringen. Es geht darum, wieder natürlich zu sein und zu leben.

Über Fluorit: Der Fluorit ist so rein, dass er in der Forschung oft für optische Linsen verwendet wird. Er tritt in unterschiedlichen Farben auf, die alle ihre eigene Schwingung haben. Violetter Fluorit lässt das Licht sehr schön durchscheinen, um die Hellsichtigkeit und das spirituelle Verständnis zu fördern. Die prachtvollen Farben des Regenbogen-Fluorits machen ihn zu einem idealen Hilfsmittel, um von energetischen Attacken oder einem Trauma, das Ihren Glauben erschüttert hat, zu genesen. Grüner Fluorit kann bei geistigen Aktivitäten helfen, und ihm wird nachgesagt, für eine gesunde Haut zu sorgen.

Gelber Jaspis

Kontrolle und Macht

Diese Karte kann darauf hindeuten, dass Sie sich in einem Machtkampf mit jemandem befinden oder das Gefühl haben, die Kontrolle über Ihr Leben verloren zu haben. Machtkämpfe können wie ein Tauziehen sein, bei dem beide Seiten an der Energie des Gegenübers zehren, in dem Versuch zu »gewinnen«. Dies kann frustrierend und kräfteraubend sein. Die Karte erinnert Sie daran, einen besseren Weg zu finden.

Denken Sie daran, dass Sie nach Gottes Ebenbild erschaffen wurden und Ihnen daher von Natur aus göttliche Kraft innewohnt. Oft wird ein Tauziehen dadurch beendet, indem eine Person das Tauende loslässt – was im übertragenen Sinn bedeutet, dass Sie aufhören, die andere Person als mächtig oder kontrollierend anzusehen.

Lassen Sie nicht zu, dass andere Sie kontrollieren, und überlassen Sie alle Machtfragen Gott, der die Situation auf friedliche Weise lösen kann. Konzentrieren Sie sich auf Ihre eigene Kraft und Taten, anstatt sich von anderen einschüchtern zu lassen.

Über gelben Jaspis: Diese Art von Chalcedon – ein opakes Quarz – wird wegen seines gefleckten Erscheinens Jaspis genannt, was »gesprenkelt« bedeutet. Er tritt in verschiedenen Farben auf, darunter auch als gelber Jaspis in dunkelgoldener Schattierung. Gelber Jaspis steht in Verbindung mit dem Nabelchakra – das Energiezentrum in der Bauchgegend – und verleiht Kraft, Mut, Zuversicht und Schutz.

Gold

Göttliches Eingreifen

Sie können ein Wunder erwarten, dass Ihnen bei einer Sache hilft, über die Sie besorgt sind. Die Gebete vieler Menschen sind erhört worden und werden beantwortet.

Diese Karte zeigt, wie notwendig es ist, auf die göttliche Fügung zu hören und ihr zu folgen. Viele Gebete werden von Gott beantwortet und Sie erhalten die Anleitung, Schritte zu unternehmen, die zu dem gewünschten Ziel führen.

Achten Sie daher darauf, geistig klar und nüchtern zu bleiben, damit Ihnen die Hinweise nicht entgehen. Schaffen Sie sich einen inneren Ort der Ruhe, damit Sie Ihre innere Stimme deutlich wahrnehmen können, die direkt von Gott kommt.

Geben Sie diese schwierige Situation mithilfe von Gebeten in die Hand Gottes und beten Sie auch um Hilfe, Ihre Bedenken abzulegen, falls Sie unter Ängsten oder Kontrollzwang leiden. Da Gold mit Jesus verbunden wird, kann diese Karte auch ein Zeichen sein, sich wieder mit ihm zu verbinden.

Über Gold: Dieses Metall ist so wertvoll, weil es relativ selten vorkommt und gut formbar ist, weswegen es oft für Schmuck verwendet wird. Wissenschaftler gehen davon aus, dass dieses Element durch Asteroiden auf die Erde gekommen ist. Obwohl es sich technisch gesehen um ein chemisches Element und keinen Kristall handelt, symbolisiert Gold (genauso wie Kupfer, das ebenfalls in diesem Kartendeck auftaucht) das Göttliche und verstärkt Gebete und Absichten. Gold ist auch die Farbe von Jesu Christi Aurafeld.

Granat

Reinigung und Entgiftung

Diese Karte bestätigt wohl, was Sie schon gefühlt haben: Es ist Zeit, sich auf körperlicher und energetischer Ebene von Schadstoffen zu befreien. Dieses Einlenken ist vor allem für Ihre Gesundheit wichtig.

Woran denken Sie bei dem Wort »Entgiftung« als Erstes? Vielleicht haben Sie innerlich einen göttlichen Hinweis erhalten, Lebensmittel voll reiner Energie zu sich zu nehmen oder sich von bestimmten chemischen Stoffen fernzuhalten. Oder Sie fühlen sich dazu animiert, die verletzenden Energien in Beziehungen, den sozialen Medien, bei den täglichen Aktivitäten oder in den Medien zu meiden.

Jetzt ist ein günstiger Zeitpunkt, um diesen gesunden Wandel zu vollziehen. Suchen Sie nach qualifizierter Hilfe, falls Süchte zu einem unkontrollierbaren Verlangen führen.

Gebete können Ihnen ebenfalls dabei helfen, Ihre Absichten zu hinterfragen und sicherzugehen, dass sie von Ihrem höheren Selbst ausgehen und nicht von Ihrem Ego. Wenn Ihre Absichten eine hohe, reine Schwingung haben, werden Sie Ihre Manifestationen mehr erfüllen und befriedigen.

Über Granat: Obwohl wir uns Granat dunkelrot vorstellen, taucht er in verschiedenen Farben auf. Der Name Granat stammt von dem lateinischen Wort für »Kern« und erinnert an den Granatapfel. Es handelt sich dabei um eine Edelsteingruppe und nicht nur eine einzelne Art. Als der Edelstein mit der magnetischsten Eigenschaft wird der Granat seit Langem zur Entgiftung und Reinigung eingesetzt.

Jade

Wohlbefinden

Diese Karte kündigt eine Verbesserung von Gesundheit und Wohlbefinden an und hat ihren Fokus auf Genesung. Ihre Entscheidung, sich verstärkt der Heilung zu widmen, zeigt Erfolg. Ein umfassendes und ganzheitliches Verständnis von Gesundheit, das vor allem Gebete, Glauben und Optimismus beinhaltet, ist nun genau richtig.

Diese Karte ist auch ein Zeichen, dass Ihre Bemühungen, anderen zu helfen, Früchte tragen. Gott und die Schutzengel arbeiten Ihren Absichten folgend daran, Ihren Lieben und Klienten heilende Energie zu bringen.

Ihre Entscheidung, ein heilender Engel der Erde zu sein, öffnet Ihnen bei Ihrer therapeutischen Arbeit und Ihren Hilfeleistungen auf irdischer und energetischer Ebene Tür und Tor. Dies ist ein guter Zeitpunkt, um die Reichweite Ihrer Arbeit als Heilerin bzw. Heiler durch Nachforschungen, Schulungen und Werbemaßnahmen zu vergrößern. Folgen Sie genau Ihrer Intuition.

Über Jade: Dieser schöne Stein ist normalerweise dunkelgrün und wird in Asien häufig für geschnitzte Statuen und Schmuckstücke verwendet. Jade wird schon seit alters her als Heilstein verwendet.

Kyanit

Zeit nehmen für sich selbst

Diese Karte taucht immer dann auf, wenn Sie Ihre eigenen Bedürfnisse hintanstellen. Sie ist ein Zeichen dafür, dass Sie zu sehr ausgelastet sind und das Gefühl haben, nicht genügend Zeit für Ruhephasen, Fitness-Übungen, gesundes Essen, spirituelle Praktiken und andere Formen der Selbstfürsorge zu haben.

Diese Karte macht deutlich, dass der achtsame Umgang mit sich selbst absolut notwendig ist, um ein gesundes, glückliches und erfülltes Leben zu führen. Gott und Ihre Engel wollen Ihnen das Leben leichter machen, damit Sie sich nicht länger unter Druck gesetzt und wie ein Opfer fühlen.

Die Botschaft lautet also, dass Sie es nicht nur verdienen, sorgsam mit sich selbst umzugehen, sondern sich ohne zu zögern Zeit dafür nehmen müssen. Diese Notwendigkeit ist die Antwort auf Ihre Gebete für ein besseres Leben. Gott hat Ihnen die Stärke verliehen, den ersten Schritt zu unternehmen, indem Sie sich täglich Zeit für sich selbst nehmen und dafür ungewünschte Aufgaben von der Agenda streichen.

Es ist an der Zeit für Sie, Nein zu den Ablenkungen zu sagen und sich auf die wesentlichen Dinge zu konzentrieren … und dazu gehört die Selbstfürsorge.

Über Kyanit: Obwohl dieser Stein in verschiedenen Farben vorkommt, stammt sein Name vom griechischen Wort für »Blau«. Kyanit ist ein wundervoller »Brückenstein«, der Ihre Energie und Ihr Leben im Gleichgewicht hält.

Lapislazuli

Lebensverändernde Erscheinung oder Erfahrung

Ihr Leben ist dabei, sich zu wandeln, und Sie haben beim Lernen und Wachsen den Segen von oben. Diese Karte ist ein Zeichen dafür, dass der Moment bevorsteht, in dem Sie eine Entscheidung treffen, die Ihr Leben verändern wird.

Sie haben eventuell auch eine göttliche Offenbarung, die Ihr Leben auf den Kopf zu stellen scheint. Vielleicht finden Sie auch eine tiefgehende Wahrheit über sich selbst, eine Ihnen am Herzen liegende Beziehung, Ihre Gesundheit oder Ihre Karriere heraus. Der Wahrheit ins Auge zu blicken kann beängstigend sein, aber auch befreiend.

Der Lapislazuli kann auch auf eine Wandlung auf Ihrem spirituellen Weg hindeuten. Sie könnten zum Kern Ihres Glaubens zurückkehren, mit der Jungfrau Maria in Kontakt treten (die mit der Farbe Blau und dem Lapislazuli in Verbindung gebracht wird) oder die in Ihnen schlummernden spirituellen Fähigkeiten aktivieren.

Über Lapislazuli: Dieser äußerst begehrte königsblaue Kristall besteht tatsächlich aus verschiedenen anderen Gesteinsarten, darunter Calcit und Pyrit. Früher wurde er zu Pulver zermahlen, um Gemälde von der Mutter Gottes zu malen. Lapislazuli kann spirituelle Einsichten und Erkenntnisse einleiten und Ihnen dabei helfen, die göttliche Fügung zu erkennen und zu verstehen.

Larimar

Sensible Gefühle

Sie haben diese Karte erhalten, weil Sie hochsensible Empfindungen haben. Vielleicht haben Sie durch Ihr Mitgefühl negative Energie aufgenommen oder die Angstenergie anderer Menschen hat die Emotionen verstärkt, mit denen Sie bereits zu kämpfen hatten und die mit einem früheren Erlebnis zusammenhingen. Sie haben sich vielleicht aufgeregt, ohne zu wissen warum. Oder Sie haben vielleicht versucht, die Gründe für Ihre Niedergeschlagenheit herauszufinden und sich deswegen erst recht Sorgen gemacht.

Nun da wir einige der Gründe für Ihre sensiblen Gefühle herausgefunden haben, lassen Sie es uns angehen und Sie von allem reinigen, was nicht von Gott und Ihrem höheren Selbst kommt. Da Sie eine Karte gezogen haben, die mit der ozeanischen Zivilisation von Atlantis in Zusammenhang steht, bietet es sich an, ans Meer zu fahren oder ein warmes Bad in der Wanne mit Meeressalz zu nehmen, um sich von körperlichen und feinstofflichen Giften zu reinigen. Indem Sie sich was Gutes tun, fördern Sie zugleich Ihr Selbstvertrauen und können leichter entspannen.

Gehen Sie liebevoll mit sich selbst um und achten Sie genau darauf, wo und mit wem Sie Zeit verbringen. Vermeiden Sie raue Energien soweit es geht, da nun der Zeitpunkt gekommen ist, Ihrem Bedürfnis nach Sanftmut, Ruhe und Heilung nachzukommen.

Über Larimar: Dieser Stein hat typischerweise eine meerschaumgrüne oder helltürkise Färbung, die seine Verbindung mit dem Ozean und der antiken Zivilisation von Atlantis widerspiegelt. Der Larimar kann Sie emotional beruhigen, Ihnen beim Umgang mit Stress helfen und eine Verbindung zu einem früheren Leben in Atlantis schaffen.

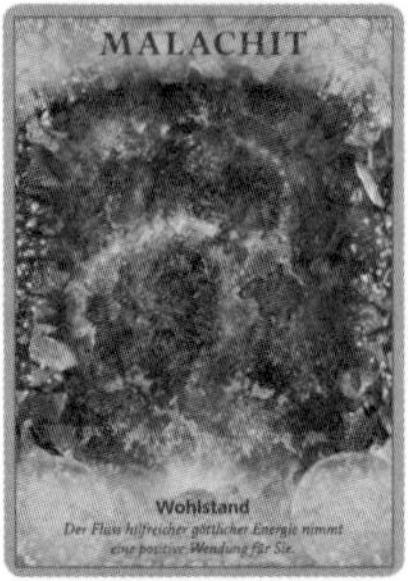

Malachit

Wohlstand

Diese Karte deutet auf einen positiven Wandel in Bezug auf die göttliche Unterstützung hin. Dies kann sich darauf beziehen, dass Ihre finanziellen, emotionalen oder anderen Bedürfnisse erfüllt werden.

Frühere Blockaden werden gelöst, da Sie sich von alten Ärgernissen und Ängsten gelöst haben und sich nun auf Ihren Glauben konzentrieren und sich in Ihrem Handeln von Ihren Engeln leiten lassen.

Solange Sie sich auf dem Pfad des positiven Denkens befinden und der göttlichen Führung folgen, wird sich Ihnen eine Vielzahl an Möglichkeiten bieten und Sie werden tief gehende Erfüllung erfahren.

Über Malachit: Dieser tiefgrüne Kristall aus der Kupfergruppe ist ein Stein der Fülle, der dabei hilft, materielle Unterstützung zu manifestieren. Seine volle Farbe ist auch dabei behilflich, das Herz für die heilende göttliche Liebe zu öffnen.

Moldavit

Einzigartigkeit

Diese Karte bestätigt Ihnen, dass Ihre einzigartigen Begabungen dazu dienen, Ihren Lebenszweck zu erfüllen. Womöglich sind Sie gehänselt worden, weil Sie anders sind, oder haben sich deswegen ausgeschlossen gefühlt. Vielleicht haben Sie versucht, sich zu ändern, um besser dazu zu passen und »normal« zu sein. Allerdings bedeutet dies auch, dass Sie sich selbst betrogen und die Segnungen und Geschenke Ihres authentischen Selbst verschmäht haben.

Falls es den Anschein hat, dass sich Ihre Art zu denken und Ihre Ansichten von denen anderer Leute unterscheiden, ist dies ein Zeichen für Ihre kreativen

Fähigkeiten. Sie haben innovative, frische Ideen und Talente, die die Welt benötigt. Sie sehen die Dinge auf eine neue Weise. Dadurch inspirieren Sie die anderen und rütteln sie wach.

Suchen Sie nach anderen unkonventionellen Leuten, damit Sie sich nicht mehr so alleine fühlen. Sie finden Gleichgesinnte in Vereinen, auf Tagungen und anderen Veranstaltungen zu Themen, die Sie interessieren. Wie der Moldavit scheinen Sie wie von einer anderen Welt zu sein – glücklicherweise gibt es aber viele andere, die ähnliche Erfahrungen gemacht haben und Ihre Sicht der Dinge teilen … Sie müssen nur rausgehen und sie finden.

Über Moldavit: Dieser klare, grüne Kristall stammt von Meteoriten und kommt nur in der Tschechischen Republik vor. Aufgrund seiner außerirdischen Herkunft trägt Moldavit eine solch große Energie in sich, dass sich einige Leute in seiner Nähe desorientiert und wie von der Erde losgelöst fühlen. Der Moldavit ist ein Katalysator sowohl für luzides Träumen und außerkörperliche Erfahrungen als auch Meditationen für den Weltfrieden.

Mondstein

Gesteigerte Intuition

Sie sind bereits in hohem Maße intuitiv und diese Karte zeigt Ihnen, dass Ihre Intuition ein neues Level erreichen wird. Achten Sie jetzt ganz besonders auf Ihre »göttlichen Downloads«, die starke Emotionen, klare Erkenntnisse, Vorahnungen, Visionen, Träume und Zeichen umfassen. Bewahren Sie einen klaren Kopf, damit Sie auf Ihre Intuition hören können.

Nehmen Sie die Botschaft nicht nur wahr, vertrauen Sie auch Ihrem Gefühl bezüglich der Bedeutung dieser Botschaft. Das Ego trachtet danach, Ihre Einsichten zu hinterfragen, doch ignorieren Sie nicht Ihren ersten Eindruck oder spielen Sie ihn herunter.

Jetzt ist nicht die Zeit für Logik. Alles wird schon bald einen Sinn ergeben.

Diese Karte kann auch anzeigen, dass Sie besonders sensibel auf die Mondphasen reagieren, vor allem auf Vollmond. Vielleicht sollten Sie dies künftig berücksichtigen und sich beispielsweise bei Vollmond nicht zu viel aufbürden. Die Karte kann zudem ein Zeichen für den weiblichen »Mond-Zyklus« sein.

Über Mondstein: Dieser wunderschöne opaleszente Stein schimmert wie die Strahlen des Mondes in Weiß, Hellblau und den Farben des Regenbogens. Der Mondstein enthält und verstärkt die heilige Energie des göttlich Weiblichen, so wie der Mond selbst. Er kann die Wirkung des Voll- und Neumonds verstärken und Ihnen bei weiblichen Themen wie etwa Empfänglichkeit, Fürsorglichkeit und spirituellen Visionen behilflich sein.

Opal

Lassen Sie Ihr inneres Licht erstrahlen!

Jetzt ist der Zeitpunkt gekommen, um Ihr wahres Ich zu zeigen und strahlen zu lassen! Diese Karte taucht immer dann auf, wenn Sie sich zurückgenommen haben, aus Angst, zu sehr aufzutrumpfen. Sie werden dazu angeleitet, sich in Ihrer ganzen überlebensgroßen Pracht zu zeigen.

Lachen Sie aus vollem Herzen, sagen Sie Ihre Meinung frei heraus, ziehen Sie sich gewagt an und halten Sie sich nicht zurück. Dadurch inspirieren Sie andere, ihr inneres Licht ebenfalls erstrahlen zu lassen.

Diese Karte kann auch ein Hinweis darauf sein, die Wut, die sich in einer Beziehung aufgestaut hat, endlich auszudrücken und sich davon zu reinigen. Das gilt vor allem für Ehen, in denen sich versteckte Ressentiments negativ auf die Liebe und Freundschaft zwischen den Partnern auswirken. Werden Sie aktiv, indem Sie eine Eheberatung in Anspruch nehmen oder meditieren, um den Heilungsprozess und eine Lösung der Probleme zu initiieren.

Über Opal: Diese fragilen, lichtbrechenden Steine bestehen aus Silizium und Wasser. Opale werden wegen ihrer feuerroten Färbung und ihrer Verbindung zur spirituellen Alchemie sehr geschätzt. Sie können sowohl geheime Wünsche und Gefühle verstärken, als auch Ihre Absicht zu manifestieren.

Peridot

Lektionen fürs Leben

Diese Karte versichert Ihnen, dass die Herausforderungen, die sich Ihnen stellen, wertvolle Lektionen fürs Leben sind. Schwierige Situationen sind keine »Tests« – sie sind vielmehr Erfahrungen, die uns dabei helfen, die Wahrheit über unser selbst und andere herauszufinden.

Falls Sie immer wieder dieselben sich wiederholenden Muster durchleben, müssen Sie zuerst die Lehre aus ihnen ziehen, bevor Sie sich aus diesem Teufelskreis befreien können. So kann beispielsweise eine Reihe gescheiterter Beziehungen Ihnen die Möglichkeit bieten, einen genauen Blick darauf zu werfen, wie es mit Ihrem Selbstbewusstsein bestellt ist. Lassen Sie sich auf ungesunde Beziehungen ein, weil Sie das Gefühl haben, zu keiner gesunden Beziehung fähig zu sein? Ähnliche Einsichten können negative Muster in Bezug auf Ihre Karriere, Gesundheit und andere Bereiche Ihres Lebens auflösen.

Bitten Sie Gott, Ihnen die Lektion hinter einer problematischen Situation zu offenbaren. Seien Sie bereit dazu zu erkennen, welche Rolle Sie in dem Muster selbst spielen. Es geht nicht darum, sich selbst zu beschuldigen, sondern die Verantwortung für Ihren Teil zu übernehmen, um die Situation in die Hand zu nehmen und das Muster zu durchbrechen … natürlich mit Gottes Hilfe.

Über Peridot: Dieser lichtdurchlässige Stein ist stets hellolivgrün, im Gegensatz zu anderen Kristallen mit Farbvariationen. Peridot hat eine aufbauende, positive Energie, die die Konzentration fördert, für geistige Klarheit sorgt und beim Lernen und Fällen von Entscheidungen hilft.

Rauchquarz

Negatives reinigen

Sie haben diese Karte gezogen, weil es nötig ist, dass Sie sich selbst oder Ihre Umgebung von negativer Energie reinigen. Es kann sich um etwas Negatives aus Ihrem derzeitigen Leben handeln oder um Kummer aus Ihrer Vergangenheit, den Sie mit sich herumtragen, weil Sie es nicht geschafft haben, ihn loszulassen. Glücklicherweise muss Ihr Verstand nicht wissen, um welche Art von negativer Energie es sich handelt, noch wird Ihnen geraten, dies zu analysieren. Denn wenn Sie sich auf die Negativität konzentrieren, verleihen Sie ihr dadurch nur noch mehr Macht und Bedeutung.

Sie müssen sich jetzt um sich selbst kümmern, um sich zu reinigen. Dies kann in Form von Gebeten an Gott, Jesus und Erzengel Michael geschehen, in denen Sie darum bitten, von dem befreit zu werden, was Ihnen nicht dienlich ist. Vielleicht wollen Sie sogar einen religiösen oder spirituellen Führer Ihres Vertrauens bei diesem Prozess um Hilfe bitten.

Jene die hochsensibel sind, nehmen oft niedrigere Energien auf. Das ist nichts, vor dem Sie sich fürchten oder für das Sie sich schämen müssten. Es geht einfach darum, sich damit zu befassen. Andere wirkungsvolle Reinigungsmethoden sind:

- Neben einem Rauchquarz schlafen
- Ätherisches Salbeiöl versprühen, einen Salbeizweig mit der negativen Energie zu »beschmutzen« oder Salbeipulver als Gewürz zu sich nehmen
- Ein Bad mit Meersalz genießen
- Zeit in der Natur verbringen
- Leichte Fitness-Übungen verrichten

Über Rauchquarz: Dieser Kristall ist normalerweise grau, braun oder schwarz und häufig lichtdurchlässig. Rauchquarz hilft Ihnen dabei, sich energetisch zu schützen, sich von negativen Energien zu befreien, Vergangenes zu bewältigen und sich zu erden.

Rhodochrosit

Gehen Sie behutsam mit sich selbst um

Diese Karte taucht auf, weil Sie einiges durchgemacht und sich selbst immer weiter vorangetrieben haben. Nun ist es an der Zeit sich auszuruhen und zu erholen. Allerdings müssen Sie selbst die Dinge in die Hand nehmen, damit Ruhe und Erholung eintreten können.

Vielleicht haben Sie eine sehr erschütternde Situation hinter sich und Ihr Herz muss sich von alten Traumata erholen, die durch aktuelle Erlebnisse erneut ausgelöst und verstärkt worden sind. Falls Sie einen Verlust erlitten haben, nehmen Sie sich bitte die Zeit, um wieder zu heilen. Achten Sie gut auf sich selbst, indem Sie sich genügend Schlaf gönnen und alles und jeden meiden, von dem eine verletzende Energie ausgeht.

Baden Sie sich in sanfter Energie, beispielsweise indem Sie sich mit Selbstbehandlungen etwas Gutes tun, entspannender Musik lauschen und gesundes Essen zu sich nehmen, das Sie glücklich macht. Ziehen Sie sich zurück, falls Sie in dieser Phase das Bedürfnis dazu haben – aber schlagen Sie nicht die Unterstützung aus, die Ihnen jetzt bei Ihrem Heilungsprozess helfen würde.

Über Rhodochrosit: Dieses liebliche rosenfarbene Mangan-Mineral hat eine lindernde, zarte und sanftmütige Energie. Rhodochrosit hilft dabei, das Herz von alten emotionalen Wunden zu heilen und Sie bereit zu machen, wieder zu lieben – auf romantische und spirituelle Weise.

Rosenquarz

Liebesleben

Ihr Herz ist bereit für die große Liebe und diese Karte bestätigt, dass Ihre Gebete dafür erhört worden sind und beantwortet werden.

Rosenquarz steht für unschuldige, jugendhafte und spielerische Liebe. Falls Sie sich also derzeit in einer Beziehung befinden, könnten Sie zum Spaß ein Date mit Ihrem Partner vereinbaren. Falls Sie Single sind und Ausschau halten, ist Rosenquarz ein Zeichen dafür, dass Verehrung, Schwärmereien, Flirts und das Hochgefühl einer neuen Liebe zum Greifen nahe sind.

Dies ist auch ein Zeichen dafür, sich wieder in Ihr Leben zu verlieben und Ihr Dasein wertzuschätzen.

Indem Sie sich auf Ihre Gaben und die Sachen konzentrieren, für die Sie dankbar sind, lernen Sie das Leben wieder zu lieben. Gebete können Ihnen helfen, dieses wunderbare Geschenk zu würdigen, das Ihnen Gott gegeben hat.

Über Rosenquarz: Dieser blassrosa Quarzkristall steht für romantische Liebe und wie man sie anzieht, heilt und aufrechterhält. Polierte Rosenquarzstücke werden oft herzförmig geschliffen, um ihre Verbindung zum Thema Liebe noch zu verstärken.

Rubellit

Leidenschaft und Bestimmung

Diese Karte ist ein Zeichen dafür, dass Sie sich leidenschaftlich für ein neues Projekt einsetzen, welches ein Teil Ihres Lebensziels ist. Ihre Berufung anderen zu helfen, spornt Sie dazu an, diesem Unternehmen Ihre Zeit zu opfern. Auch wenn Sie sich noch nicht ganz im klaren darüber sind, wie Sie das betreffende Projekt vollenden werden, so wissen Sie doch, dass es Ihnen gelingen wird.

Ihre Leidenschaft verleiht Ihnen auch die nötige Stärke und den Mut, um sich Gehör zu verschaffen, zum Beispiel um ein Crowdfunding zu initiieren, in den sozialen Medien wichtige Informationen zu posten, Videos oder Blogs zu erstellen und sich Ihrem Publikum mitzuteilen.

Nutzen Sie Ihre Zeit um zu beten, zu forschen, Kurse zu belegen, ein Netzwerk zu knüpfen und sich von einem Mentor beraten zu lassen, sodass Sie alle Hilfsmittel und Informationen sammeln können, die Sie benötigen, um sich einem bedeutenden Projekt zu widmen. Achten Sie aber darauf, dass Ihre Vorbereitungen Sie nicht davon abhalten, in der Sache voranzukommen.

Über Rubellit: Dieser herrliche, lichtdurchlässige, tief rosafarbene Edelstein gehört zur Mineralfamilie der Elbaite (so wie der Turmalin). Der Rubellit ruft romantische Leidenschaft und die Lust am Leben – sowie am Erreichen des Lebensziels – hervor.

Rubin

Gesegnet sei Ihr Herz

Sie haben diese Karte erhalten, weil Ihr Herz nach einem erlittenen Verlust oder dem Ende einer Beziehung sanfte, liebevolle Fürsorge benötigt. Sie trauern und könnten eine tröstende Umarmung vertragen, die Ihnen Ihre Schutzengel nun geben. Die Karte kann auch ein Zeichen dafür sein, sich emotionale Unterstützung zu suchen, nachdem Ihnen das Herz gebrochen wurde.

In manchen Fällen kann diese Karte auch bedeuten, dass Ihr physisches Herz etwas Pflege und Aufmerksamkeit benötigt. Vielleicht ist jetzt der Zeitpunkt gekommen endlich auf eine gesunde Ernährungsweise zu achten, Ihr körperliches Training umzustellen oder einen medizinischen Eingriff vornehmen zu lassen.

Die Karte kann auch ein Hinweis sein, sich mit dem heiligen Herz Jesu zu verbinden, um spirituelle Heilung und Reinigung zu erlangen. Gott segnet Ihr Herz und leitet Sie an, den Pfad einzuschlagen, der wahr und richtig für Sie ist.

Über Rubin: Nur der Diamant ist härter als dieser dunkelrote Edelstein, der Ihr starkes und geheiltes Herz symbolisiert. Rubine beruhigen und heilen Sie – körperlich, energetisch und emotional.

Saphir

Immer sachte

Die Engel senden Ihnen diese Karte, weil Sie sich an die Grenzen Ihrer Belastbarkeit gebracht haben und darüber hinaus – indem Sie viele Dinge gleichzeitig erledigen, sich abstrampeln, um Termine einzuhalten und sich darüber Sorgen machen, was andere Leute sagen. Sie könnten es auch mit dem Partys feiern und Nachtleben übertrieben haben. Jetzt ist es Zeit, sich Ruhe zu gönnen, und eine Entgiftung (oder eine dauerhafte Abstinenz) kann Ihnen helfen, Ihre Energie und Gesundheit wiederzuerlangen.

Diese Karte ist auch eine Erinnerung daran, im gegenwärtigen Moment zu leben und ein neues Projekt Schritt für Schritt anzugehen, um davon nicht überwältigt zu werden. Vielleicht haben Sie sich zu sehr auf die Zukunft konzentriert, auf bessere Zeiten gewartet oder sich Sorgen gemacht, was vor Ihnen liegt. Oder Sie stecken noch in der Vergangenheit fest. Sie werden nun dazu angeleitet, sich auf das Hier und Jetzt zu konzentrieren, damit Sie Ihr Leben genießen können, selbst wenn die aktuellen Umstände nicht ideal sind.

Zudem kann die Karte ein Zeichen sein, sich von einer anstrengenden Arbeit zurückzuziehen oder ein Hobby aufzugeben, dem Sie inzwischen entwachsen sind, falls es Ihre physische oder psychische Gesundheit gefährdet. Nur keine Hektik und gehen Sie die Dinge in aller Ruhe an.

Über Saphir: Dieser Edelstein stammt aus derselben Mineralienfamilie wie der Rubin. Obwohl sie in der Regel strahlend blau sind, können Saphire auch in anderen Farben auftreten (außer in Rot, das den Rubinen vorbehalten ist). Saphire sind wundervolle Meditationssteine, da sie Ihnen helfen, Ihre Gedanken zu beruhigen.

Smaragd

Zeremonien und Feste

Es wird einen Anlass geben, sich mit Ihren Lieben zu treffen und gemeinsam zu feiern. Diese Karte ist ein Zeichen für ein wichtiges menschliches Übergangsritual, wie etwa eine Hochzeit, Geburt oder Abschlussfeier. Sie werden vielleicht dazu herangezogen, dieses Ereignis zu leiten, als Organisator oder in einer offiziellen Funktion.

Diese Karte kann ein Hinweis darauf sein, eine Liebesbeziehung auf die nächste Ebene zu heben und Ihren Bund zu feiern. Falls Sie gerade alleine leben, kann dies ein positives Zeichen sein, dass Sie Ihren Lebenspartner finden.

Schließlich bringen Sie die göttliche Energie auf diese Welt und können alles Lebendige feiern, um andere zu inspirieren und zu heilen.

Über Smaragd: Dieser grüne Stein gehört zur Familie der Berylle und ist sowohl im unbearbeiteten als auch im geschliffenen Zustand wunderschön. Der Smaragd verstärkt die göttliche Heilenergie und fördert das spirituelle Erkennen der Nichtdualität. Dieser Stein bringt auch Ihre innere Hohepriesterin oder Ihren inneren Hohepriester zum Vorschein.

Sodalith

Knüpfen Sie Kontakte – machen Sie mit

Diese Karte taucht immer dann auf, wenn Sie sich danach sehnen, sich mit Gleichgesinnten auszutauschen. Gehen Sie raus aus dem Haus und treffen Sie Leute mit ähnlichen Interessen.

Fühlen Sie sich dazu ermutigt, Vereinen beizutreten, Treffen von Netzwerkgruppen aufzusuchen oder sich einer spirituellen oder religiösen Vereinigung anzuschließen. Um es noch einmal deutlich zu machen, es reicht nicht, online zu chatten. Sie müssen in direkten Kontakt mit Menschen treten, die Ihre Hand halten, Sie umarmen und Ihnen Unterstützung und Freundschaft anbieten können.

Diese Karte ist auch ein Zeichen, dass Sie dank Ihres Netzwerks und Ihrer Geschäftskontakte die Karriere voranbringen. Ebenso kann es an der Zeit sein, sich an einen Mentor zu wenden oder einen Kurs zu belegen, der im Zusammenhang mit Ihrem Lebensziel und Ihren Leidenschaften steht. Es geht darum, von anderen Menschen zu lernen, sowie Freundschaften zu schließen.

Über Sodalith: Das in vielen Farben, meist aber in Blau vorkommende Sodalith ist nach seinem hohen Gehalt an Natrium (lateinisch *sodium*) benannt. Es sieht ähnlich wie Lapislazuli aus, allerdings ohne dessen goldene Flecken aus Pyrit. Sodalith unterstützt intuitive Erkenntnis und Visionen.

Sugilith

Stehen Sie zu Ihrer göttlichen Macht!

Dies ist eine Karte der Stärkung und Bestätigung, die Sie daran erinnert, dass Gott Sie nach seinem Ebenbild geschaffen hat. Ihnen wohnt also stets die Macht Gottes inne. Zudem hat Sie alles, was Sie erlebt haben, noch stärker gemacht.

Diese Karte kommt dann zum Vorschein, wenn Sie Ihre Macht an andere abgegeben haben. Vielleicht haben Sie sich davor gefürchtet, dass sie Ihnen was Wertvolles wegnehmen würden, falls Sie sich nicht ihren Wünschen beugen und ihnen gehorchen. Oder eventuell machen Sie sich Sorgen, was die anderen Leute über Sie denken.

Jetzt ist die Zeit gekommen, dass Sie sich durchsetzen. Ziehen Sie Grenzen und sagen Sie Nein, wenn jemand Ihre Zeit, Ihr Geld oder andere Mittel auf unangemessene Weise in Anspruch nehmen will. Die Durchsetzungskraft hilft Ihnen dabei, Ihre innere Führung zu ehren und dem Weg der Harmonie und des Wohlergehens zu folgen.

Über Sugilith: Dieses Mineral hat eine sehr schöne lila Schattierung. Er verhilft zu Selbstbestätigung auf spiritueller Ebene und aktiviert höhere Schwingungen bei denen, die ihn tragen oder halten. Sugilith hilft Ihnen, Ihre Energien zu reinigen, lädt zu Gelassenheit ein und bietet Schutz vor Härte.

Tansanit

Bereit, wieder zu lieben

Diese Karte zeigt, dass Ihr Herz die Trauerphase über einen Verlust überwunden hat und es bereit für eine neue Beziehung in Ihrem Leben ist. Sie sind verständlicherweise auf der Hut gewesen, erneut verletzt zu werden, und haben sich die nötige Zeit genommen, um innerlich zu heilen. Nun fühlen Sie sich wieder bereit zu lieben.

Sie werden dazu angeleitet, behutsam mit sich selbst umzugehen und es mit Ihrem Liebesleben in aller Ruhe anzugehen. Beginnen Sie damit, Leute aus einer vertrauten Umgebung zu treffen und zu daten, beispielsweise aus Ihrer religiösen oder spirituellen

Gemeinschaft oder aus Ihrem Bekanntenkreis. Meiden Sie Orte, an denen viel Alkohol getrunken oder Drogen konsumiert werden. Achten Sie auf eindeutige Warnsignale bezüglich des Charakters Ihres Gegenübers. Lassen Sie sich Zeit und denken Sie an den alten Song »You can't hurry love«, während Sie geduldig und in sich ruhend auf die richtige Person warten.

Diese Karte kann auch ein Zeichen dafür sein, dass Sie bereit sind, ein neues Haustier aufzunehmen, nachdem Sie den Verlust eines tierischen Weggefährten betrauert haben. Haustiere kehren aus dem Himmel in neuer Gestalt zu uns zurück und sie wissen, wie sie uns finden können, um sich mit uns wieder zu vereinen.

Über Tansanit: Benannt nach dem afrikanischen Land Tansania, wo es gefunden wurde, erscheint dieses Mineral in verschiedenen Farben und Schattierungen von Königsblau, Türkis, Purpur und Violett, abhängig vom Blickwinkel und der Beleuchtung. Tansanit kann Ihnen dabei helfen, sich nach einer vorangegangenen schmerzhaften Beziehung wieder sicher dabei zu fühlen, Ihr Herz für die Liebe zu öffnen.

Tigerauge

Selbstvertrauen durch Gottvertrauen

Haben Sie an sich selbst gezweifelt? Denn diese Karte ist eine Bestätigung dafür, dass Gott durch Sie wirkt. Haben Sie Vertrauen in die unbegrenzte Fähigkeit des Himmels, alle Probleme zu lösen und alles zu heilen (soweit sich die aus freiem Willen gefällten Entscheidungen anderer Menschen mit Gottes Willen in Einklang befinden).

Beten Sie dafür, dass sich Ihr Wille mit jenem Gottes verbindet, denn dann sind Sie eine nicht aufzuhaltende Kraft. Machen Sie sich keine Sorgen, ob »Sie« es schaffen können, und vertrauen Sie darauf, dass Gott durch Sie alles erreichen kann.

Diese Karte ist ein Zeichen, dass Sie sicher und beschützt sind, wenn Sie Ihrer inneren Führung folgend die Dinge zum Guten wenden. Stimmen Sie sich bei jedem Schritt auf dem Weg mit Gott ab und Sie werden auf dem schnellsten Weg tief gehende Erfüllung finden.

Über Tigerauge: Dieser goldene und braune Quarz trägt seinen Namen wegen seiner Farbe und den Streifen, die an einen Tiger erinnern. Er kann Ihnen das Gefühl geben, sicher und geschützt zu sein. Das Tigerauge hilft Ihnen, sich selbst wie ein Tiger zu fühlen, voll Mut, Selbstvertrauen und Wildheit.

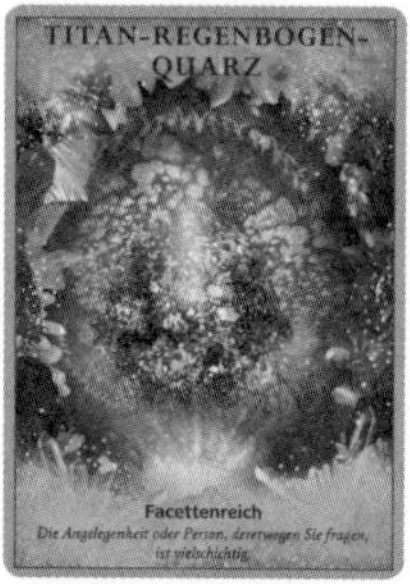

Titan-Regenbogen-Quarz

Facettenreich

Die Person oder Angelegenheit, deretwegen Sie fragen, ist facettenreich wie ein Edelstein. Das bedeutet, es gibt viele verschiedene Aspekte zu beachten. In diesem Fall existiert die eine simple Wahrheit nicht, sondern es gibt viele verschiedene, was zu Widersprüchen, Unstimmigkeiten und Verwirrung führen kann. Sie müssen ehrlich mit sich selbst sein, ob diese Gegensätze für Sie akzeptabel sind oder Sie durcheinanderbringen.

Wenn Sie wegen einer bestimmten Person fragen, ist diese Karte ein Zeichen für eine komplizierte und unvorhersehbare Beziehung. Die einen können das interessant finden, für die anderen bedeutet das zu viel Drama. Die meisten Menschen haben verschiedene Schichten, und solange sich die andere Person moralisch und integer verhält, können Sie von dieser Beziehung profitieren. Wie gesagt, seien Sie sich selbst gegenüber ehrlich, was Sie wollen und was nicht.

Falls sich Ihre Frage auf eine bestimmte Angelegenheit bezieht, ist diese Karte ein Zeichen, dass es nicht nur eine richtige Antwort gibt. Manchmal sind es Entscheidungen, die aus freiem Willen getroffen wurden, die den Ausgang bestimmen – und nichts ist vorherbestimmt. In manchen Fällen bedeutet diese Karte, dass es Ansichtssache ist, ob es sich um eine positive Angelegenheit handelt oder nicht, je nach Geschmack und Vorlieben.

Falls Sie mit der Ungewissheit, was Ihnen die Zukunft bringen wird, gut leben können, bietet sich Ihnen die Gelegenheit, selbst die Regie zu übernehmen und aus Ihrem Leben ein Meisterwerk zu machen. Sie wurden nach dem Ebenbild Ihres Schöpfers geschaffen, also können Sie sich eine wundervolle Gegenwart und Zukunft erschaffen.

Über Titan-Regenbogen-Quarz: Ähnlich wie Aqua Aura wird dieser Stein geschaffen, indem man einen Bergkristall mit einer Mischung aus Titan und Gold bedampft, um den Regenbogeneffekt zu erzielen. Titan-Regenbogen-Quarz ist ein wunderbarer Meditationsstein, der zu Visionen und kreativen Ideen verhilft.

Topas

Vergeben heilt

Dies ist ein wunderschönes Zeichen Ihrer Schutzengel, die Sie so sehr lieben und Ihnen dabei helfen wollen, noch gesünder und glücklicher zu werden. Sie können sehen, dass Sie durch unterdrückte Wut und Missgunst blockiert sind. Höchstwahrscheinlich wissen Sie bereits, was Sie loslassen müssen, haben sich aber schwer damit getan.

Vergeben bedeutet nicht das Verhalten von jemandem nicht zu beachten, zu akzeptieren oder zu entschuldigen. Es bedeutet, sich nicht mehr selbst verletzen zu wollen. Sie müssen die andere Person nicht mögen oder mit ihr »abhängen«. Sie müssen einfach nur bereit dazu sein, die fremde Energie von Ihrer Seele loszulassen.

Diese Karte kann ein Hinweis darauf sein, sich selbst eine Tat zu vergeben, die Sie bereuen. Selbstvorwürfe sind genauso schädlich wie anderen Vorwürfe zu machen. Lernen Sie aus der Vergangenheit, aber lassen Sie Ihre Schuldgefühle los.

Ihre Schutzengel erinnern Sie daran, dass verborgene Wut nur Ihnen selbst schadet und nicht der anderen Person. Unterdrückter Ärger schadet Ihrem körperlichen, emotionalen und finanziellen Wohlergehen. Alles was Sie benötigen, ist ein bisschen guter Wille, um zu vergeben. Gott, Jesus und die Engel erledigen dann den Rest.

Über Topas: Ursprünglich wurde jeder gelbe Edelstein als Topas bezeichnet. Inzwischen stellte man fest, dass der Topas zwar am häufigsten mit der Farbe Gelb assoziiert wird, er aber auch in anderen Farben wie Blau, Grün und Rosa auftritt. Dem Topas wohnt in allen Farbschattierungen eine sanfte, beruhigende Energie inne, die Sie dabei unterstützt, Geist und Herz von chaotischen Kräften zu reinigen. Vor allem kann Ihnen dieser Kristall helfen, alles loszulassen, was Sie abgelenkt oder Ihnen Energie entzogen hat.

Türkis

Spiritueller Weg

Diese Karte kommt zu Ihnen, weil Sie über Ihren spirituellen Weg meditiert haben. Eventuell stehen Sie in Konflikt mit Ihrer tiefsten Überzeugung und fragen sich, ob Sie einen traditionellen oder einen alternativen Weg einschlagen sollen. Vielleicht haben Sie sich über verschiedene religiöse und spirituelle Gemeinschaften informiert oder an ihren Treffen teilgenommen, um zu sehen, wo Sie hinpassen und andere Menschen finden, die Ihre Werte teilen.

Ihre religiöse Erziehung und Ihr familiäres Umfeld sind dabei entscheidende Faktoren. Obwohl Sie die Entscheidungen auf Ihrem spirituellen Weg eigenständig treffen wollen, werden Sie doch von der Vergangenheit beeinflusst. Sie wollen auch die richtige Entscheidung treffen, die am besten für Ihr Seelenheil ist, und erkennen, dass bestimmte traditionelle Vorstellungen wertvoll sind.

Selbst wenn Leute derselben Religion anhängen, legen sie diese verschieden aus. Es ist unwahrscheinlich, dass sich zwei Individuen in Fragen der Religion oder Spiritualität bei jedem Aspekt einig sind, da es sich um eine zutiefst persönliche Erfahrung handelt. Die Erfahrungen, die Sie im Leben sammeln, prägen Ihren Glauben. Hören Sie also nicht auf, zu beten und Ihrer inneren Führung zu folgen. Auf Leute zu stoßen, deren Glaube ähnlich (wenn auch nicht identisch) ist oder sich mit Ihrem ergänzt, kann zu tief gehenden Freundschaften führen und Ihnen Orientierung auf Ihrem spirituellen Weg bieten.

Diese Karte kann sich auch um eine Beziehung drehen, die Konflikte erlebt, weil die Partner unterschiedliche religiöse oder spirituelle Überzeugungen haben. Dies ist für beide eine herausfordernde Situation, bei der Gebete und oft auch eine Beratung helfen.

Über Türkis: Dieser wunderschöne blaugrüne Stein, der oft bei heiligem indianischem Schmuck verwendet wird, ist einer der am längsten bergmännisch abgebauten Edelsteine. Archäologen haben in Ägypten Schmuck und Verzierungen aus Türkis gefunden, die bis 5500 vor Christus zurückdatieren. Türkise verbinden Himmel und Erde und bereichern Ihre spirituellen und religiösen Praktiken mit reiner Liebe.

Turmalin

Stressreduktion

Diese Karte taucht immer dann auf, wenn es nötig ist, den Geist, Körper, Tagesablauf etc. von Stress zu befreien. Ihnen ist bereits bewusst, welche Bereiche in Ihrem Leben den Stresslevel nach oben treiben. Gott und Ihre Schutzengel geben Ihnen die Kraft, den Stress wieder zu reduzieren, indem Sie Ihren Terminkalender und Ihre Lebensumstände entsprechend anpassen.

Sie werden dazu ermutigt, Übungen zum Stressmanagement in Ihren Tagesablauf zu integrieren, wie zum Beispiel Gebete und Meditationen, sanfte Fitness-Übungen, Zeit in der Natur verbringen, entspannende Hobbys, Massagen, Nickerchen und eine biologische Ernährung.

Diese Karte ist auch ein Signal, Ihr Leben zu vereinfachen. Schauen Sie, welche Aufgaben Sie abgeben oder wie Sie Ihren Terminkalender entrümpeln können. Wenn zu viele Dinge Ihre Aufmerksamkeit verlangen, fühlen Sie sich hin und her gerissen.

Man kann regelrecht süchtig werden nach Aufregung, in dem Irrglauben, dass es etwas Spannendes ist. Es ist jedoch viel befriedigender nach »friedvollen Reizen« zu suchen, indem Sie sich das ruhige und harmonische Leben schaffen, das Sie erstreben und verdienen.

Über Turmalin: Dieser wunderschöne Granitstein kann in verschiedenen Farben auftreten. Der Wassermelonenturmalin ist seinem Namen entsprechend außen durchscheinend grün und innen dunkelrosa gefärbt. Der Turmalin ist ein beruhigender Kristall, der dabei hilft, das Leben zu vereinfachen und Stress zu reduzieren.

Unakit

Erhörte Gebete

Sie haben in letzter Zeit Großes geleistet, indem Sie vergeben und losgelassen haben und sich auf das Positive und das Einssein konzentriert haben. Gott respektiert Ihre aus freiem Willen gefällte Entscheidung, dem heilsamen Pfad der Liebe zu folgen. So haben Sie den Weg frei gemacht, damit Ihre Gebete erhört werden.

Gott hört und beantwortet alle Gebete, ohne dabei einen Unterschied zu machen. Wenn wir jedoch unser Herz verschließen, kann es sein, dass wir die geflüsterte Antwort nicht hören. Eine pessimistische Sichtweise kann den Zweifel in uns wecken, ob die göttlichen Pläne funktionieren und unseren Glauben untergraben.

Diese Karte ist ein Zeichen, dass Sie bewusst in Verbindung mit Gottes reiner, heilender Liebe getreten sind. Sie beten in aller Aufrichtigkeit und dem Wunsch nach Führung und Hilfe. Dieser positive Wandel hat sich aus Ihren eigenen Gebeten für Frieden und Glück ergeben. Die äußeren Umstände werden sich ebenfalls entsprechend wandeln, indem sie zum bestmöglichen Ergebnis führen.

Über Unakit: Es handelt sich hier um eine natürlich miteinander verwachsene Kombination von drei verschiedenen Edelsteinen, was zu einer herrlich rötlichen und grünen Färbung führt. Unakit unterstützt mit seiner weichen, sanftmütigen Energie die Heilung auf körperlicher und emotionaler Ebene und erinnert daran, dass wir alle in göttlicher Liebe verbunden und eins sind.

Über den Künstler

Marius Michael-George ist ein klassisch ausgebildeter Maler und Kunstlehrer, der sich auf spirituelle Kunst spezialisiert hat. Er wurde in Bukarest, Rumänien, geboren und arbeitet derzeit abwechselnd in einem Kunststudio in Paradise Valley, Montana, und in einer Kunstgalerie in Mt. Shasta, Kalifornien.
Webseite: www.mariusfineart.com

Über die Autorin

Doreen Virtue hat zwei Abschlüsse an der Chapman University in beratender Psychologie. Sie taucht häufig im US-amerikanischen Fernsehen und Radio auf, wo sie als »die Engel-Lady« bekannt ist. Weitere Informationen über Doreens Video-Workshops, Bücher, Orakelkarten, Audio-CDs, Podcasts und wöchentliche Radiosendung erhalten Sie über ihre Webseite: www.AngelTherapy.com.